# BEI GRIN MACHT SICH IHR WISSEN BEZAHLT

AF152816

- Wir veröffentlichen Ihre Hausarbeit,
  Bachelor- und Masterarbeit

- Ihr eigenes eBook und Buch -
  weltweit in allen wichtigen Shops

- Verdienen Sie an jedem Verkauf

## Jetzt bei www.GRIN.com hochladen und kostenlos publizieren

# Die Rolle der Frau im Bergfilm der 30-er Jahre im Spannungsverhältnis der Geschlechter am Beispiel "Liebesbriefe aus dem Engadin" von Luis Trenker 1938

Charlotte Friedrich

**Bibliografische Information der Deutschen Nationalbibliothek:**

Die Deutsche Nationalbibliothek verzeichnet diese Publikation in der Deutschen Nationalbibliografie; detaillierte bibliografische Daten sind im Internet über http://dnb.d-nb.de abrufbar.

ISBN: 9783389090756
Dieses Buch ist auch als E-Book erhältlich.

Druck und Bindung: Books on Demand GmbH, Norderstedt Germany
Gedruckt auf säurefreiem Papier aus verantwortungsvollen Quellen

Das vorliegende Werk wurde sorgfältig erarbeitet. Dennoch übernehmen Autoren und Verlag für die Richtigkeit von Angaben, Hinweisen, Links und Ratschlägen sowie eventuelle Druckfehler keine Haftung.

Das Buch bei GRIN: https://www.grin.com/document/1521472

# Die Rolle der Frau im Bergfilm der 30-er Jahre im Spannungsverhältnis der Geschlechter am Beispiel „Liebesbriefe aus dem Engadin" von Luis Trenker 1938

**Charlotte Friedrich**

Semester: WS 2020/21

Philipps-Universität Marburg

FB 09 Germanistik und Kunstwissenschaften

Institut für Medienwissenschaft

Inhaltsverzeichnis:

# 1. Einleitung

„Liebesbriefe aus dem Engadin" ist eine turbulente Komödie in einer Berg-
und Schneekulisse. Es geht um Skisport, vor allem aber um viele junge,
neugierige und zahlungskräftige Damen aus dem Ausland, die ihren fe-
schen aber raubeinigen Skilehrer Toni, gespielt von Luis Trenker, persön-
lich kennenlernen wollen. Bislang kennen sie ihn nur von einem Foto aus
seinen vermeintlichen Liebesbriefen. Der Skilehrer Toni ist jedoch nicht
deren Verfasser, sondern nur das unwissende Objekt der Begierde.[1]

Wie in allen Filmen Trenkers stehen auch hier die Berge nicht im Mittel-
punkt sondern sind lediglich Handlungsfläche für seine Filmerzählungen.[2]

In dieser Hausarbeit soll das in der Komödie „Liebesbriefe aus dem Engadin"
vermittelte Frauenbild im Zeitgeist des Bergfilms der 30er Jahre beispielhaft
aufgezeigt werden. Es ist die letzte Phase der Weimarer Republik mit ihrer
Aufbruchstimmung auch für die Frauen (Wahlrecht ab 1921)[3] und der Beginn
des immer dunkler werdenden Nazi–Deutschlands.

Unter folgender Leitfrage soll die Frauenrolle im Film untersucht werden:

Zeigt der Bergfilm "Liebesbriefe aus dem Engadin" aus dem Jahre 1938
die starke Frau oder doch eher das schwache Geschlecht?

# 2. Begründung der Filmauswahl im Kontext des Zeitgeistes

Die typischen Bergfilme der 30er Jahre, insbesondere die von Arnold
Fanck, der als Pionier des Genres gilt[4], sind vornehmlich aufwühlende
Dokumentarfilme als weniger Filme mit Charakteren und deren Handlun-

---

[1] Lenssen, Claudia, et. al. *Bergfilm: Dramen, Trick und Abenteuer: Trenkers Frauen*. Herbig
Verlag, 2001, S. 145.
[2] König, Stefan, et. al. *Bergfilm: Dramen, Trick und Abenteuer: Aufbruch in Abenteuer*. Herbig Verlag, 2001, S. 46.
[3] Delvaux de Fenffe, Gregor. „Deutsche Geschichte, Weimarer Republik". Planet Wissen,
22.10.2019. https://www.planet-
wissen.de/geschichte/deutsche_geschichte/weimarer_republik/index.html. Zugriff:
15.03.2021.
[4] Rentschler, Eric, et. al. Hg. *Berge, Licht und Traum: Hochgebirge und Moderne: Eine
Standortbestimmung des Bergfilms*. Bruckmann, 1997, S. 86.

gen.[5] Berge werden als Mitspieler dramatisch dargestellt.[6] Erst später werden narrative Elemente eingebracht.[7] So entstehen spektakuläre Landschaftsaufnahmen, eingebettet in melodramatische Spielfilmhandlungen.[8] Die Abkehr vom reinen Dokumentarfilm zu einer Mischform aus Kultur- und Spielfilm erfolgt letztlich auch, um ein breiteres Publikum zu erreichen.[9]

Hauptdarsteller sind männliche Freundeskollektive von Bergsteigern und Bergführern und notgedrungen ein obligatorisches, weibliches Wesen.[10] Eine zentrale Rolle spielen Frauen nicht; sie sind zweitrangig.[11] Frauen werden bisweilen als Störelemente empfunden. „Wenn es störende Kräfte im Bergfilm gibt, dann gehen sie mit Sicherheit von einer Frau aus.[12]

Anders könnte die Frauenrolle in dem ausgewählten Film von Luis Trenker „Liebesbriefe aus dem Engadin" aus dem Jahre 1938 aussehen.

Auch in Trenkers früheren Filmen geht es in althergebrachter Bergfilmtradition überwiegend um das Bergsteigen, die Kameradschaft und die Kampf- und Sieg-Ideologie.[13] Hierfür beispielhaft ist der Film „Der Berg ruft" aus dem Jahre 1937.[14] Auch hier kann sich der Filmheld bewähren. „Trenkers Frauenrollen stehen stets im Schatten seines Egos als Autor, Regisseur und Darsteller."[15] Die Frauen in seinen Filmen bestätigten den Mann in seinen Heldentaten.[16] Einen Störfaktor stellen Frauen in Trenkers Filmen jedoch nie dar.[17]

---

[5] Rentschler a.a.O., S. 85
[6] Balázs, Béla. *Film und Kritik: Der Fall Dr. Fanck.* Stroemfeld/Roter Stern, 1992, S. 4.
[7] Rentschler a.a.O., S. 87
[8] Giesen, Roman. „Der Bergfilm der 20er und 30er Jahre". Medienoservationen, 16.12.2009. http://www. medienobservationen. lmu. de/ artikel/ kino/ kino_pdf/ giesen_bergfilm.pdf, S.10. Zugriff: 10.03.2021.
[9] Rentschler a.a.O., S. 87.
[10] ebd.
[11] ebd.
[12] Rentschler a.a.O., S. 95.
[13] König, Stefan, et. al. *Bergfilm: Dramen, Trick und Abenteuer: Wegweiser.* Herbig Verlag, 2001, S. 9.
[14] ebd.
[15] Lenssen a.a.O., S. 142.
[16] Lenssen a.a.O, S. 139.
[17] ebd.

In Trenkers Leben und in seinen Filmen haben Frauen festumrissene Rollen, sie sind Mutter, Braut oder Fremde.[18] Sein stereotypes Frauenbild ist in eine natürliche Hierarchie eingegliedert. Der Mann, so auch Trenker als Darsteller, ist Anführer, Frauen fügen sich mit ihrer Unterstützung ein.[19] An dieser Ordnung können Frauen nicht rütteln.[20]

Eine Ausnahme macht Trenkers Film „Liebesbriefe aus dem Engadin". Er ist der einzige Film, in dem sich Toni, gespielt von Trenker, von einer Skitouristin einfangen lässt.[21]

Beweggrund für die Auswahl des Films „Liebesbriefe aus dem Engadin" ist zum einen Trenkers Einstellung, dass Frauen keinen Störfaktor im Bergfilm darstellen. Zum anderen handelt es sich um einen Film, in dem nicht das Freundeskollektiv von Bergsteigern die Hauptrolle besetzt, sondern neben dem einzigen Filmhelden ausschließlich Frauen, noch in der Überzahl, mit eigenen Ambitionen und Ansprüchen. Weiteres, wahlentscheidendes Kriterium ist der Umstand, dass Trenkers Bergfilm als Komödie und Unterhaltungsfilm deutlich aus der Tradition der männlich dominierten Bergfilme ausschert und die Rollenbesetzung der Frau nicht obligatorisch und schon gar nicht zweitrangig ist.

Im Folgenden soll der Frage nachgegangen werden, ob Trenkers Rollenbild der Frau in der hier zu betrachtenden Komödie zumindest aufgeweicht oder gar umgeworfen wird. Hierzu soll die Analyse der Protagonist_innen Auskunft geben.

---

[18] Lenssen a.a.O., S. 138.
[19] Lenssen a.a.O., S. 139, 141.
[20] Lenssen a.a.O., S. 138.
[21] Lenssen a.a.O., S. 145.

# 3. Darstellung der Protagonist_innen im Spannungsverhältnis der Geschlechter

Toni:

Die männliche Hauptrolle spielt der Skilehrer Toni Anewanter,. Toni ist ein rauer Naturbursche[22] und Hahn im Korb bei seinen Skischülerinnen. Zu Beginn der Skistunde steht Toni erhaben wie ein Militäroberst beim Apell auf den Portalstufen des Hotels und spricht zu seinen 32 Schülerinnen in ruppigem Ton: „Gesungen habt Ihr wie die Katzen beim Vollmond", aber morgen in der Bar... tanzen mit den Burschen, das könnt Ihr!" Die Kamera zeigt die Skigruppe in Obersicht, d.h. von oben herab. Diese Kameraeinstellung dient üblicherweise der Darstellung von unterlegenen Personen.[23] So ist es auch hier. Seiner Rolle entsprechend unterstreicht die Kameraeinstellung Tonis überlegene Anführerrolle einerseits und dokumentiert die unterlegene Position der untenstehenden Skischülerinnen andererseits.

Obwohl er seine Schülerinnen in harschem Ton abkanzelt, schauen sie lächelnd und entzückt auf Ihren mit kariertem Sakko und Fliege gut gekleideten und braungebrannten Skilehrer Toni. Diesmal richtet sich die Kamera in Untersicht aus Sicht der Gruppe hinauf zu Ihrem angehimmelten Schwarm. Diese Sichtweise wird als filmisches Mittel eingesetzt, um eine Person heroisch, souverän und überlegen darzustellen.[24] Die Bewunderung ihres souveränen Idols bringt die Kamera auch hier zum Ausdruck.

„Wir marschieren jetzt auf die Idiotenwiesen." Obwohl gleichsam als Idiot_innen bezeichnet, schultern die Mädchen militärisch folgsam und in Soldatenmanier Ihre Skier mit einem fröhlichen Lied auf den Lippen „Skiheil, Skiheil, wie ist die Welt so schön". Trenker bleibt seiner Sicht der natürlichen Hierarchie von ihm als Mann und überlegenem Anführer und der Frau als Unterstützerin treu. Folgerichtig führt er die Gruppe auf ihrem Weg zur Piste an. Das gleiche Bild wird auch von seinen Skischülerinnen reflektiert, die kritiklos ihrem Skilehrer Toni zum Idiotenhang folgen.

---

[22] E. P., M. „Liebesbriefe aus dem Engadin". Munzinger Online/Film - Kritiken aus dem FILMDIENST, Juni 1950. http://www.munzinger.de/document/10000000590. Zugriff: 11.3.2021.
[23] Keutzer, Oliver. *Filmanalyse: Grundlagen der Kameraarbeit.* Springer Verlag, 2014, S.13.
[24] ebd.

Am Übungshang angekommen prüft Toni das skifahrerische Können seiner Schülerinnen. Er beobachtet die Mädchen, wie sie den kleinen Hang hinunterfahren und kommandiert sie im Befehlston: „Abfahren, fahren da oben! Weicher in die Knie, weicher in die Knie hab ich gesagt!" Später kommentiert er die Leistungen seiner Schülerinnen in überheblicher Weise, wenn die Mädchen stürzen: „Vorlage, Vorlage – natürlich... am Hintern, Saftladen!" „Scheibenhonig, gar nichts ist das". Wieder kommt das hierarchische Über-Unterordnungsverhältnis zum Ausdruck. Er befiehlt und die Mädchen nehmen seine Befehle und Kritik kommentarlos hin.

Weiter bezeichnend für die hierarchische Sichtweise seines männlichen Rollenverhältnisses beschreibt die Situation auf der Skisprungschanze. Toni beobachtet seine männlichen Kammeraden vom Rand der Schanze beim Skisprung. Heroische Bilder fängt die Kamera in Untersicht ein, als die Skispringer mit Flügelschlagbewegungen hoch an Ihm vorbeifliegen. Die Kamera ist steil nach oben in den Himmel gerichtet, ohne dass der Horizont noch zu sehen ist. Toni strahlt. Sein Gesicht erhellt sich, er lächelt zufrieden. Genussvoll kommentiert Toni die Leistung seiner Kollegen mit: „Guat." Er bringt eine Form der Bewunderung zum Ausdruck, wie sie bei seinen Schülerinnen niemals zu sehen und zu hören gewesen wäre. Als Steigerung tritt nun der Held – er ist schließlich Europameister im Skispringen – selbst in Aktion. Er steht oben auf der Schanze, ruft siegessicher „Bahn frei". Die Skischülerin Dorothy schaut zu ihm empor. Wieder verrät seine erhabene Position seine beherrschende Rolle und wird durch die Untersicht der Kamera betont.

Auch abends in der Bar nimmt Toni die Rolle des Eroberers ein, als er sich zu Dorothy an den Tisch setzt. Jedoch ist sein Verhalten in dieser Umgebung wesentlich charmanter und einfühlsamer als auf der Skipiste. Entsprechend seiner „Macherrolle" lässt er sich die Entscheidung der Tischwahl nicht abnehmen. Er alleine sucht zielstrebig seinen Tisch aus, an dem Dorothy bereits Platz genommen hat. An einen anderen Tisch lässt er sich nicht locken. Die beiden plaudern, sie sitzen nah beieinander. Die Kamera zeigt sie in Großaufnahme. Diese Kameraeinstellung dient häufig der Inszenierung von Gesprächen, um z.B. eine große Nähe der

Darsteller_innen zu betonen.[25] So ist es auch hier. Die beiden wirken vertraut.

Tonis Habitus ändert sich vollends, als er Dorothy höflich zum Tanz bittet. Angetan betrachtet er ihr Gesicht. Er lächelt. Die Kamera begleitet die beiden, zunächst aus der Distanz, dann Ihre Gesichter in Großaufnahme auf Augenhöhe. Erstmals weicht Tonis zuvor dargestellte Überlegenheit, der Kameraeinstellung entsprechend, einem gleichrangigen Verhältnis zu einer Frau. Er ist nicht mehr derjenige, der von oben herab befiehlt, sondern höflich und auf Augenhöhe bittet. Die Musik untermalt die Harmonie der beiden.

Als Dorothy schließlich enttäuscht von Toni den Skiort verlässt, rast Toni dem Zug entschlossen auf Skiern hinterher. Die Musik begleitet seine furiose Abfahrt in entsprechend flottem Takt teils mit lautmalerischen Slapstickelementen. Wieder ist er der tollkühne, skifahrende Held, der sogar einen fahrenden Zug einholt. Als Dorothy ihren Toni aus dem fahrenden Zug erblickt, strahlen beide vor Glück. Ein Seil, das er Dorothy zuwirft verbindet die beiden. Gleichberechtigt halten sie ihre Geschicke nunmehr sprichwörtlich in der Hand. Von einer Hierarchie der Geschlechter kann keine Rede mehr sein.

Die letztendliche Aufgabe seiner Männerrolle als rauer Naturbursche in Siegerpose findet bei der Hochzeit mit Dorothy statt, als er seine zünftige Kluft gegen Frack und Zylinder tauscht. Statt wie es seinem Rollenverständnis entspräche, wird nicht in den heimischen Bergen sondern im elitären London geheiratet, wo Dorothy zu Hause ist.

Dorothy:

Dorothy Baxter ist die Schwester von Graf Baxter, sie ist eine englische Lady und Prototyp des Sportmädels.[26]

Auf der Skipiste angelangt trifft Dorothy auf Toni. Ihr Haupt ist erhoben, sie lächelt in seine Richtung und stellt sich eng neben Toni. Sie schauen sich kurz in die Augen. Ihr Anblick veranlasst Toni von seiner rauen Tonart ab-

---

[25] Keutzer a.a.O., S. 12.
[26] Lenssen a.a.O, S. 145.

zulassen. Er wird ruhig, fast schon sanft „Was machen Sie hier?" Seinen Hilfsskilehrer bittet er: „Schau mal, was die Dame kann."

Wenig später stürzt sie vor seinen Füßen. Er schaut auf sie hinab mit den Worten: "Was machen denn Sie schon wieder da?" Sie schaut zu ihm auf. Aber nicht, dass sie sich von seiner überheblichen Frage irritieren lässt, frag sie ihn vorwurfsvoll: „Wollen Sie mir nicht aufhelfen?" Er antwortet nur kurz mit einem klaren „Nein!" Dorothy steht selbstbewusst auf und nimmt seine harsche Antwort nicht unkommentiert hin. „Etwas mehr Höflichkeit könnte Ihnen auch nicht schaden." Hier zeigt sich erstmals, dass Tonis Hierarchieverständnis zumindest angekratzt wird. Die Kamera zeigt die beiden auf Augenhöhe und symbolisiert ebendiese. Er wendet sich ab. Sie blickt ihm erhobenen Hauptes hinterher. Keineswegs verunsichert oder eingeschüchtert folgt Dorothy dem Skilehrer Toni im Skilift, um ins höhergelegene und anspruchsvollere Skigebiet und zur Sprungschanze zu gelangen.

Provozierend fordert sie Ihn auf, selbst einen Sprung zu zeigen, nachdem etliche Skispringer ihr Können gezeigt haben. Selbstbewusst spricht sie Toni an und gibt ihm zu verstehen, dass er sich auch Zeit für ein privates Gespräch mit ihr nehmen solle. Schließlich werde er dafür doch auch bezahlt. Er kanzelt sie lächelnd mit seinem ruppigen Skilehrercharme ab: „Ich glaube, sie spinnen!" Keineswegs eingeschüchtert kontert sie: „Unverschämtheit". Die hierarchische Männer-/Frauenrolle gerät spürbar ins Wanken. Dorothy zeigt dem Skilehrer charmant aber unmissverständlich seine wirtschaftliche Abhängigkeit von seinen Schülerinnen auf.

Als es nach seinem Absprung von der Schanze zu einem Unfall zwischen Dorothy und Toni kommt, weil sie ausgerutscht ist und mit ihm bei dessen Landung kollidiert, herrscht er sie abermals an und verbietet Ihr fortan den Zutritt zur Schanze. Höflich entschuldigt sie sich mit dem Nachsatz: „So spricht aber kein Gentleman mit einer Dame". Auch hier ist trotz der misslichen Situation eine selbstbewusste Dorothy zu beobachten, die sich zwar schuldbewusst und mit gesenktem Haupt entschuldigt, sich jedoch dennoch nichts verbieten lässt.

Auch gegenüber ihrem Bruder nimmt Dorothy eine selbstbewusste und keineswegs unterlegene Rolle ein, als er ihr auf der Heimreise im Zug offenbart: „Ich hätte dir nie erlaubt, Toni zu heiraten." Dorothy antwortet wie völlig selbstverständlich: „Glaubst du, dass ich dich jemals gefragt hätte?

## Constance:

Constance ist eine reiche Amerikanerin, ehemalige Broadwaytänzerin und ebenfalls wie Dorothy Prototyp des Sportmädels.[27]

Sie himmelt Toni an; ist eifersüchtig auf Dorothy und schmollt fortwährend, weil sie nicht an Toni herankommt. Sie stellt die typische Karikatur von Touristinnen auf Männerfang dar.[28] Eine dominante Rolle im Sinne einer starken Frau kann sie letztendlich nicht einnehmen. Zwar giftet sie Toni an, weil er mit Dorothy getanzt hat. „Ja Sie sind mir ja ein feiner Herr" und schüttet ihm vor lauter Wut ein Glas Sekt ins Gesicht. Jedoch sind dies nur untaugliche Versuche Toni zu beherrschen. Der düpierte Toni stellt kurzerhand seine hierarchische Ordnung wieder her, indem er Constance hochhebt und über seiner Schulter fortschafft. Sie kreischt, er lacht triumphierend und züchtigt sie noch mit Klapsen auf den Po. Die Musik wird lauter und begleitet die beiden mit Marschmusik. Aus dieser unterlegenen Rolle kommt die kreischende Constance nicht heraus. Sie bedient das Klischee einer reichen und zickigen Frau, die nicht in der Lage ist, Dinge zu bewegen und gegenüber Männern eine dominante oder zumindest ebenbürtige Rolle einzunehmen.

## Anni:

Anni ist die prüde Schwester des Frauenschwarms Toni.[29] Sie vermittelt den bodenständigen Eindruck der einheimischen Frauen. Anni ist erstaunt, dass ihr Bruder in der Bar tanzt „Was er tanzt?" Ohne zu zögern begibt sie sich in die Bar und fordert ihren Bruder auf: „Toni, du gehst jetzt sofort nach Haus!". Die Musik verstummt. Nur ihr resoluter Befehlston ist zu hören, wie er üblicherweise von Müttern an ihre Kinder gerichtet wird,

---

[27] Lenssen, a.a.O., S. 145.
[28] ebd.
[29] ebd.

wenn sie etwas Verbotenes gemacht haben. Sie hat ihren Bruder fest im Griff und lässt keinen Zweifel an ihrem Befehl aufkommen. Toni folgt der Aufforderung seiner älteren Schwester widerspruchslos. Das Machtverhältnis der beiden ist keineswegs ausgewogen. Hier hat Anni hat das Sagen und durchbricht das geschlechtliche Hierarchiegebilde Ihres Bruders.

Als ihr Bruder Toni wegen angeblichen Heiratsschwindels vor dem Haftrichter steht, kommt sie zur Hilfe. „Aber Herr Amtsrichter, ich werde doch wohl meinen Bruder vor den Leuten schützen dürfen." Auch wenn Toni die Hilfe nicht annimmt, so drängt sich Anni immerhin in die Beschützerrolle, wie diese im Hierarchieverständnis von Trenker eher einem Mann zukommt.


3.1 Ambitionen der weiblichen und männlichen Darsteller

Ambition der Skischülerinnen ist zum einen die sportliche Betätigung im Skikurs. Zudem suchen sie aber auch abends Vergnügen und Geselligkeit beim Tanz in der Bar. Vor allem wollen sie Männer kennenlernen und ihnen gefallen.

Auch bei den Hauptdarstellerinnen Dorothy Baxter und Constance Farrington ist dieses Verhalten zu beobachten. Sie wollen mit allen Mitteln Ihrem Skilehrer Toni gefallen und ihn erobern.

Anni leitet pflichtbewusst mit Ihrem Bruder das gemeinsame Sportgeschäft. Sie ist darauf bedacht, dass die Moralvorstellungen im traditionell konservativen Skiort insbesondere von ihrem Bruder gewahrt bleiben.

Tonis Ambition ist es, ein heldenhaftes Bild von sich abzugeben. Stets will er schneidig und draufgängerisch daherkommen. Jeder und vor allem Jede soll ihn bewundern.

## 3.2 Stilmittel zur Darstellung der Geschlechterrollen

Frauenrolle:

Zunächst gibt es die beiden weiblichen Hauptdarstellerinnen Constance Farrington und ihre Freundin Dorothy Baxter. Erstere, die reiche Amerikanerin, ist mit dem vermeintlich wohlhabenden und britischen adeligen, Lord Baxter, verlobt. Motto: „Geld trifft Geld und Adel." Dorothy ist die Schwester des Lords und somit ebenfalls adelig, jedoch ebenso wie ihr Bruder verarmt. In den ersten Szenen des Films sind Constance und Dorothy sehr feierlich gekleidet. Sie tragen feine und edle Kleider anlässlich der mondänen Festlichkeiten von Constances Verlobung. Es handelt sich um lange, teils rüschenbesetzte und figurbetonte Ballkleider. Der Stoff wirkt schleierhaft leicht. Constances wasserstoffblonde Haare sind lockig hochgesteckt und zudem mit Kopfschmuck versehen. Derartige Frisuren sind für Zeit der 30er Jahre typisch.[30]

Auch die dunkelhaarige Dorothy ist der Mode entsprechend festlich frisiert. Auffallend sind ihre schmalen und hochstehend geschminkten Augenbrauen à la Marlene Dietrich. Auch dies ist Ausdruck der damals aktuellen Mode.[31]

Beide Damen tragen auffallenden Schmuck. Ihr Benehmen ist standesgemäß vornehm. Selbst als Dorothy mit der Bitte an Constance herantritt, ihr bei ihrem am Rücken gerissenen Kleid zu helfen, verdeckt Constance dies, um keine männlichen Blicke zuzulassen. Entsprechend den gesellschaftlichen Gepflogenheiten verhalten sich Dorothy und Constance konservativ, höflich und distanziert.

Nachdem Constance mit Dorothy auf ihrer Reise ins Engadin alleine im Zug nicht mehr unter Beobachtung ihres adeligen Verlobten steht und den vermeintlichen Liebesbrief des Skilehrers Toni erhält, entflieht sie ihrer zurückhaltenden Rolle und ist sofort Feuer und Flamme, um sein Herz zu erobern. Ihre vornehme Zurückhaltung schwindet augenblicklich. Diese

---

[30] Artdeco Boulevard. „Die dreißiger Jahre: Weltwirtschaftskrise und erneuter Konservatismus". https://www.artdeco-boulevard.de/de/feuilleton/mode/dreissiger-jahre. Zugriff: 12.03.2021.
[31] ebd.

zeigt sie nur gegenüber Männern in deren Anwesenheit. In deren Gegenwart sind die beiden auf Etikette bedacht, was ihr Verhalten und äußeres Erscheinungsbild anbelangt. Dies gilt nicht nur in der sog. feinen englischen Gesellschaft sondern auch beim Tanzabend im Berghotel. Ihrer Damenrolle entsprechend lassen sie sich von Männern einladen. Stets achten sie darauf, passend gekleidet zu sein. So auch bei den Bergszenen, wo Dorothy mit Toni auf eine Bergtour geht und Constance mit Jack in der Gondel feststeckt. Auch hier sind die beiden sportlich-chic gekleidet. Insbesondere Dorothy, die auf der Bergtour mit Toni eine hochaktuelle. Keil- oder auch Steghose trägt, wie sie anlässlich der olympischen Winterspiele 1936 aufkamen.[32] Ihre Haare sind dem Anlass entsprechend zurecht gemacht und betonen ihre feminine Ausstrahlung.

Anni vermittelt eher einen humorlosen Eindruck, unterstrichen von ihrer traditionellen und dunklen Kleidung sowie ihrer züchtig zum Zopf geflochtenen Frisur.

Männerrolle:

Toni ist ein gutaussehender, braungebrannter und zünftig gekleideter Naturbursche. Grundsätzlich legt er Frauen gegenüber ein ruppiges Verhalten an den Tag und betrachtet sie eher skeptisch und abweisend. Ausnahmen bestätigen die Regel. Frauen und Mädchen seines Skikurses bezeichnet er bisweilen als „Funz`n", die einerseits lästig, andererseits schmeichelhaft sind.[33]

## 4. Fazit

Trenker versteht es, vor allem Dorothy in der Rolle einer starken Frauen darzustellen, jedenfalls sobald sie die Konventionen ihrer distanzierten britischen Gesellschaft verlässt. In den Bergen ist sie eine selbstbewusste Frau, die sich vom rauen und übermächtig erscheinenden Naturburschen Toni nicht dominieren lässt. Sie ist nie um eine Antwort verlegen, auch

---

[32] Buxbaum, Gerda und Andrea Affaticati. Hg. *Mode! Das 20. Jahrhundert.* Prestel, 1999, S.44.
[33] Lenssen a.a.O., S. 145.

wenn sein Ton einschüchternd wirkt und sie in einer misslichen Situation ist. Sie wird dargestellt wie eine Frau, die genau weiß, was sie will. Verbieten lässt sie sich Nichts, auch von Ihrem Bruder nicht. Dorothy ist die starke und ebenbürtige Gegenspielerin von Toni. Vor allem versteht sie es als einzige, sein Herz zu erobern und ihn sogar aus seiner vertrauten Bergwelt herauszuholen ins ferne und fremde England. Sie macht den Draufgänger und schneidigen Naturburschen zum zylindertragenden Gentleman.

Ebenso lässt Trenker Anni, Tonis Schwester, eine starke Frauenrolle zukommen. Der Grund ihrer Stärke liegt in ihrer familiären Stellung als ältere Schwester, die zum einen Moralinstanz ist und zum anderen bisweilen versucht, ihren jüngeren Bruder zu schützen.

Die Mädchen aus dem Skikurs und insbesondere Constance hingegen bedienen das Klischee vom schwachen Geschlecht. Sie lassen sich herumkommandieren und bewundern kritiklos ihren Skilehrer, bzw. ziehen sich schmollend zurück, wenn sie nicht ans Ziel kommen. Insbesondere stehen die Skischülerinnen, als Statistinnen im Hintergrund. Sie sind interessiert am Skisport, und suchen abends Vergnügen und Geselligkeit in der Bar. Ihre gepflegte Erscheinung unterstreicht das Klischee vom schwachen Geschlecht.

## Literaturverzeichnis:

Balázs, Béla. *Film und Kritik: Der Fall Dr. Fanck*. Stroemfeld/Roter Stern, 1992.

Buxbaum, Gerda und Andrea Affaticati. Hg. *Mode! Das 20. Jahrhundert*. Prestel, 1999.

Keutzer, Oliver. *Filmanalyse: Grundlagen der Kameraarbeit*. Springer Verlag, 2014.

König, Stefan, et. al. *Bergfilm: Dramen, Trick und Abenteuer: Aufbruch in Abenteuer*. Herbig Verlag, 2001.

König, Stefan, et. al. *Bergfilm: Dramen, Trick und Abenteuer: Wegweiser*. Herbig Verlag, 2001.

Lenssen, Claudia, et. al. *Bergfilm: Dramen, Trick und Abenteuer: Trenkers Frauen*. Herbig Verlag, 2001.

Rentschler, Eric, et. al. Hg. *Berge, Licht und Traum: Hochgebirge und Moderne: Eine Standortbestimmung des Bergfilms*. Bruckmann, 1997.

## Internetquellen:

Artdeco Boulevard. „Die dreißiger Jahre: Weltwirtschaftskrise und erneuter Konservatismus". https://www.artdeco-boulevard.de/de/feuilleton/mode/dreissiger-jahre. Zugriff: 12.03.2021.

Delvaux de Fenffe, Gregor. „Deutsche Geschichte, Weimarer Republik". Planet Wissen, 22.10.2019. https://www.planet-wissen.de/geschichte/deutsche_geschichte/weimarer_republik/index.html. Zugriff: 15.03.2021.

E. P., M. „Liebesbriefe aus dem Engadin". Munzinger Online/Film - Kritiken aus dem FILMDIENST, Juni 1950. http://www.munzinger.de/document/10000000590. Zugriff: 11.3.2021.

Giesen, Roman. „Der Bergfilm der 20er und 30er Jahre". Medienoservationen, 16.12.2009. http://www. medienobservationen. lmu. de/ artikel/ kino/ kino_pdf/ giesen_bergfilm.pdf, S.10. Zugriff: 10.03.2021.

# BEI GRIN MACHT SICH IHR WISSEN BEZAHLT

- Wir veröffentlichen Ihre Hausarbeit,
  Bachelor- und Masterarbeit

- Ihr eigenes eBook und Buch -
  weltweit in allen wichtigen Shops

- Verdienen Sie an jedem Verkauf

Jetzt bei www.GRIN.com hochladen
und kostenlos publizieren